SV

Michael Krüger
Einmal einfach

Gedichte

Suhrkamp Verlag

2. Auflage 2018
© Suhrkamp Verlag Berlin 2018
Alle Rechte vorbehalten, insbesondere das der Übersetzung,
des öffentlichen Vortrags sowie der Übertragung
durch Rundfunk und Fernsehen, auch einzelner Teile.
Kein Teil des Werks darf in irgendeiner Form
(durch Fotografie, Mikrofilm oder andere Verfahren)
ohne schriftliche Genehmigung des Verlages reproduziert
oder unter Verwendung elektronischer Systeme verarbeitet,
vervielfältigt oder verbreitet werden.
Satz: Satz-Offizin Hümmer GmbH, Waldbüttelbrunn
Druck: Pustet, Regensburg
Printed in Germany
ISBN 987-3-518-42798-9

Einmal einfach

I.

»Alle meine Gedichte
sind Gelegenheitsgedichte,
sie sind durch die Wirklichkeit
angeregt und haben darin
Grund und Boden.«

Goethe zu Eckermann

Nachtrag zur Poetik

für Alfred Kolleritsch

1

Gedichte sind mißtrauisch,
sie behalten für sich, was gesagt werden muß.
Sie gehen durch geschlossene Türen
ins Freie und reden mit den Steinen.
Sie führen uns fort.
Wenn wir sie aufhalten wollen, heißt es:
Es gilt das versprochene Wort.
Jeder weiß, daß sie uns wegschreiben
mit wenigen vergeßlichen Zeilen.
Einmal las ich ein Gedicht
über Wolken, das wandernde Volk.
Es goß in Strömen. Und von unten,
wo sich der Teich langsam füllte,
hörte ich das Quengeln der Frösche.

2

Ein Wort aus jedem Monat nehme ich mit
auf meine grand tour ins Warten,
etwa sechshundert Worte, mein ganzes Leben.
Einige kann ich nicht mehr finden,
sie haben sich in Briefen versteckt,
die als nicht zustellbar gelten.

3

In Krakau kürzlich, zur Erinnerung
an Czesław Miłosz, kam das Böse zur Sprache,
wie es sich heute zeigt, im Gedicht oder
in andrer Verkleidung.
Einer aus Gdańsk, vormals Danzig, hatte es gesehn
im Sterben einer Frau, in ihrem Schmerz.
Es war herrliches Wetter in Krakau,
die Tuchlauben quollen über vor Menschen,
und Maria mit dem Lämmchen
gab sich alle Mühe, den Frieden zu wahren.
Das Böse war anwesend, das stand fest,
aber immer, wenn man es greifen wollte,
hatte man den Ärmel der Jacke eines Dichters
am Wickel, also nichts in der Hand.

4

Irgendwann versucht jeder Dichter,
ein Gedicht über Wasser zu schreiben,
über Wasser oder das Wasser,
eigenhändig.
Nicht wie die großen Maler,
die für jede Welle einen anderen Pinsel
und für den eilenden Bach einen Schüler hatten
und für das Meer einen Meisterschüler,
der die Welle malen konnte, wenn sie bricht,
sonst nichts. Man mußte den Hunger
des Meeres spüren, seine Unersättlichkeit.
Wir haben es schwerer.
Manche haben es bei der Anrufung belassen,

andere den Rhythmus der Wellen belauscht.
Auch das ruhige Wasser, das uns zeigt,
war und ist ein Motiv des Erschreckens.
Einer behauptete in einem großen Gedicht,
Wasser habe keine Erinnerung und keine Geschichte,
er hätte ihm länger zuhören sollen.

5
Theologische Fragen

Einer sitzt auf den Treppenstufen von St. Anna,
sein Yoghurtbecher halb gefüllt mit Kupfer.
Er hat die Hosenbeine hochgezogen,
damit seine Wunden freiliegen oder das,
was einmal seine Beine waren.
Er sei unsterblich, mit diesen Worten
bettelt er um Geld, andre sterben meinen Tod.
Die jungen Leute im Café gegenüber
haben keine Lust auf Offenbarung.
Sie wissen nicht, was ihnen blüht.

6
Erster Januar, gute Vorsätze

Ich beginne ein neues Notizbuch
für Fragen, die keine Antworten brauchen.
Wie lange hält sich der Schnee
auf den Zweigen des Vogelbeerstrauchs?
Gestern ging ich im Traum
auf einer Rolltreppe in die falsche Richtung,
ich wollte die Rückgabezentrale aufsuchen,
mein Verfallsdatum war abgelaufen.

Woher kommt meine unerträgliche Sanftmut?
Und, wie schon in den letzten Jahren,
warum hat der Stein nicht eine Stimme?

7

Die Wolken rasen, als liefe ein Ultimatum ab,
und die Zweige, in denen der Wind sich verirrt,
schlagen verzweifelt die Luft.
Aus den Schulen der Stille
mit ihren hochgebildeten Fenstern
fällt kaum noch Licht auf den Weg.
Wissen ist nicht mehr schön,
es ergreift uns nicht mehr.
Ach, ihr weitblickenden Wolken!
Irgendwo spielen noch Kinder,
man hört ihr begeistertes Rufen.
Und plötzlich trudelt ein Ball
mir vor die Füße, und ein Kind befiehlt:
Spiel mit!

8

Auf den verschlafenen Wegen ging ich
hinunter zum See, um der Post zu entkommen.
Seit Tagen redet der Briefträger mit mir
von den Letzten Dingen: dem Duft
der Weidenkätzchen nach dem Regen,
der Wahrheitstreue unserer Erinnerungen
und daß man um Himmels willen Gott
nicht immer wieder mit der Vernunft
quälen sollte. Unterm Redeschwall

streckt er mir Todesanzeigen zu,
schwarzrandige Briefe, mit Rilkes Versen
vom Hiersein bedruckt oder mit Benn.
Es ist vollbracht,
unsere Generation nimmt Abschied.
Welche Verse von uns werden es
in die Große Anthologie schaffen?
Der See lag vor mir wie schmelzendes Wachs,
ruhig und träge und ohne Tiefe,
wie ein kindlicher Traum des Glücks.

Nikolassee, Februar 2015

Ich soll hier aufgewachsen sein,
zwischen unserer Kirche und dem Kleist-Grab,
zwei Gottesorte für unsere höheren Ziele.
Auf der Rehwiese weideten Schafe,
aber wie sollten wir mit dem Hirten sprechen,
der nur die Sprache der Lämmer verstand?
You are leaving the American Sector.
Keiner von uns wußte,
wie der Hase läuft und wohin.
Hier, an den warmen Sommertagen,
haben wir davon geträumt, der Welt
brüderlich in die Speichen zu greifen.
Über uns eine große und eine kleine Wolke,
Mutter und Kind, mehr brauchte nicht sein.
Das Grab meiner Eltern ist schon im Angebot,
so schnell hat sich das Rad gedreht.

Berlin, Stadt der Kindheit

Am Ende der Straße, da
wo sie einen Knick macht,
damit man nicht sieht,
ob sie weitergeht,

steht ein alter Hund,
der offenbar nicht weiß,
wie er nach Hause kommt.
Mir geht es ähnlich.

Ich war mir ganz sicher,
daß ich hier einmal gelebt habe.
Im Haus gegenüber
wurde damals eine Bombe entschärft.

Eine junge Frau bringt triumphierend
ihren Müll zur Tonne,
als enthielte er ihr ganzes Leben.
Weg damit. Sie mustert mich lange,

kommt aber zu anderen Schlüssen.
Aus einem offenen Fenster
dringt das Weinen eines Kindes.
Es muß dieses Haus gewesen sein.

Wie es nie mehr sein wird

Noch einmal will ich den Wiesenkümmel
riechen, in Essigwasser getaucht;
die geschuppten Wolken über Kayna sehen;
den Fliegen zuhören,
die ihre Totenlieder singen an der Fensterscheibe;
die Schatten beobachten, die ums Haus schleichen,
um das Buch des Lebens einzudunkeln;
das helle Licht spüren, die Augen Gottes.
Dort, wo ich kleinlaut war, wenn die Sonne unterging,
rot wie ein Hahnenkamm.
Was hast du gesagt? Nichts. Ich habe nur etwas
fallen lassen hinter den sieben Bergen, wo Europa
aufhörte und meine Kindheit begann.

Meine Großmutter

erwartete weder Lohn noch Strafe
vom Leben, sie wußte genau,
um was es nicht geht, der Rest war
für Männer in Uniform,
oder für Philosophen.
Handschuhe zum Beispiel zog sie
nie an, um sie nicht zu beschmutzen.
An ihrem Unterricht nahmen teil
Kamille, Kornblume und Saubohne,
alle bestanden mit Auszeichnung,
weil es gab keine Düngemittel
nach dem großen Krieg.
Was für prächtige Saubohnen!
Als ich heute hier in den Bergen,
die meine Großmutter nie gesehen hat,
das graue Gras vom Vorjahr betrachtete,
das endlich wieder aufblicken konnte
nach langer winterlicher Belagerung,
mußte ich daran denken,
daß sie vom Leben weder Lohn
noch Strafe erwartete.
Aber was dann? Nichts,
um die Wahrheit zu sagen, nichts.

Grunewald

für Markus Barth

1

Der Frost, der den Vögeln die Stimme abwürgt;
und auch meine Worte, eben noch ein Schlüssel zur Welt,
sind plötzlich verstummt.
Eine Meise im Fenster, sie schaut mich an
wie ein tibetanischer Mönch. Piep, sage ich,
Gott hat es nicht gut gemeint mit euch Vögeln!
Ihr könnt üben und üben und bringt doch
keinen Gesang in die Welt.

2

Man kann mich besuchen, der A19 hält
direkt vor dem Haus. Alles, was ich mache,
wird sich gegen mich kehren.
Manchmal öffne ich nachts das Fenster und höre
der Dunkelheit zu. Es grenzt an Folter,
wenn die Stimmen ins Haus kommen
und man die Sprecher nicht sieht.
Bitte keine Reden am Grab, ein frommer Wunsch.
Und streut die Asche dem Flieder in die Augen,
bevor sich der Wind ihrer annimmt.

3

Im Flur meiner Wohnung hängt ein Spiegel, der weiß
mehr über mich als ich selbst. Ein Spezialist für Güte,
jeden Tag gehe ich ihm auf den Leim. Seine Orakel,

sein wehrloses Lächeln! Du sollst leben, murmelt er mir zu,
einfach leben, mehr verlange ich nicht. Und ich: Aber ich
                                                    will
mich sehen, schrei ich ihn an, einmal im Leben will ich mich
gesehen haben, ist das zu viel verlangt? Sei still, sagt er
                                            sachlich,
in vier Wochen leben wir wieder getrennt.

Wissenschaftskolleg

für Luca Giuliani

Der kleine See gegenüber, der mich jeden Morgen begrüßt,
ist Teil eines größeren, durch dunkle Adern verbunden.
Wie ein Auge, in dem nachts die Träume schlafen,
wenn die Sprache sich von der Wissenschaft erholt.
Baden verboten. Liederliche Weiden bewachen das Ufer,
und Enten, den Kopf streng gesenkt wie Mönche,
bewegen das stehende Wasser.
Von den schläfrigen Villen mit ihren feuchten Kellern,
in denen die Schatten der Vorbesitzer an den Wänden lehnen,
führen Treppen zum See. Manchmal sehe ich Menschen
dort stehen, mit angestrengtem Lächeln, als ahnten sie,
daß ihnen in Wahrheit nichts gehört.
Die Sonne scheint stolz zu sein auf diesen See,
nur die Vögel halten sich nicht an das Gebot der Stille.
Man will mehr vom Leben haben, als das Leben zu geben
bereit ist, lautet das Gesetz unsres Instituts.
Unser Chef ist Archäologe, er kann ein Lied davon singen.

Wiko 2

Ich muß jetzt gehn, die Putzkolonne
steht schon vor der Tür, damit dem neuen Gast
das Bett bezogen wird. Ich hinterlasse
eine leere Zukunft, zwei Dutzend Bücher,
die mich nicht halten konnten, einen Fön
und hundert Blätter im Papierkorb,
bedeckt mit Zeichen, mit denen ich
das Schweigen überlisten wollte.
Die Vögel, die mich morgens weckten,
werden bleiben, der schwarze Bach, der Zeuge
meines Scheiterns, der Wehmut ein Gedicht
zu widmen, der Ahorn, die Akazien, Staub.
Und auch das Leuchten lasse ich zurück, die Stille
und den Schatten in den leeren Räumen.
Das Leben, heißt es, wird vom Tod erwärmt.
Stimmt das? Der Kehraus kann beginnen.

Rätsel

Gartengeräte, leere Blumentöpfe, eine Sense ohne Halt
und ein namenloser Stein, den ich wer weiß wo
aufgelesen habe zu späterem Gebrauch.
Eine dämmrige Welt, trocken und still,
das stille Alphabet des Glücks.

Zwei Spiegelscherben auf dem Gartentisch:
die eine zeigt den, der ich nicht mehr bin,
die andre den, der ich nicht mehr werden kann.
Dazwischen hockt das Unglück mit den tausend Augen,
die alles sehn, auch das, was es nicht gibt

und niemals geben wird.

Europa

Ich bin immer noch ein blutiger Laie,
wenn es darum geht, die Welt des Guten
von der Welt des Bösen zu unterscheiden.
Es ist alles viel einfacher.
Als ich heute nach Hause ging,
sah ich die Kinder *Europa* spielen
mit all den schönen Sterbensworten,
die im Schwange sind.
Ein grauer Himmel, der nicht tröstete,
lag auf der Stadt, doch als ich
bei der Linde innehielt im Hof,
hörte ich den Chor der Wurzeln singen.

Neu-Schnee

Über Nacht der Schnee
auf den Bäumen. Die Höflichkeit,
mit der er die Zweige berührt,
danach die Bücher, das Auge,
das stotternde Herz.
Wie lange es braucht, die Kindheit zu verstehen,
denn auch der Schnee kennt die Scham.
Ich weiß nicht,wo ich suchen soll unterm Weiß,
und was ich finde, sind Steine, die rot werden,
wenn man sie höflich berührt.

Morsche Bäume

Als die Schatten endlich versammelt waren
vor und in meinen Augen,
der Schatten der Eibe dem Schatten des Ahorns
sich ausgeliefert hatte und die armseligen Rosen,
fast nicht mehr sichtbar, sich ein anderes Herz
suchen mußten für die Nacht,
sah ich, wie ein Licht die Bäume umgab,
ein silbriger Schimmer wie bei morschem Holz.

Wenn die Linde sich nicht täuscht,
und das tut sie selten im Alter, wird in der Nacht
ein Sturm uns an der Gurgel packen, einer von denen,
die kein Mitleid haben mit morschen Bäumen.

Die Kiefer und der Bergahorn

Zu groß geraten ist die Kiefer,
die sich mit dem Ahorn messen muß
im Kampf ums Licht.
Keiner mag sie hier im Viertel,
wo man Blätter liebt, nicht Nadeln.
Gemeiner Efeu hat sie fest im Griff,
der wird ihr bald den Garaus machen,
hoffentlich.
Ich schaue diesem Baum seit Jahren zu,
wie er sich in den Himmel drängt,
und wie der Ahorn alles tut
sich günstig von ihm abzusetzen.
Ich kann mich nicht entscheiden,
ob ich einen lieber haben sollte,
beide nehmen mir die freie Sicht,
die ich in ihrer Jugend hatte.
Ich brauche Aussicht, Weite, Perspektive,
jetzt stehen grüne Wächter mir vor Augen,
die ihr Leben an dem meinen messen,
das, da sind sich beide sicher,
kürzer sein wird als das ihre.

Kindliche Übungen

Nimm das Gras, das hilflose Gras
in die Hand, bevor du es schneidest.
Oder, als gnostische Übung, leg den Stein
zurück auf die Wunde, die er am Boden
hinterließ. Oder schau, mit denkendem Auge,
auf eine stille Wasserfläche, die dich nicht erkennt.
Oder, noch schwieriger, geh auf den Engel zu,
der sich unter der Tür nicht entscheiden kann,
ob er ins Haus gehört oder ins Freie.
Oder horch, ganz einfach, auf das Geräusch
der Schritte auf gefrorenem Schnee.
Oder denk dir eine Welt ohne dich und ohne
die andern – betrachte, mit anderen Worten,
mit dem Staunen eines Kindes die Schattenseite
der Welt, um, vor aller Versöhnung, dem Trost
nicht in die Arme zu laufen.

Der Nußbaum, die Zeit

Der Nußbaum mußte dran glauben,
um die Sehnsucht nach Ordnung zu stillen.
Vor zehn Jahren habe ich einen Trieb
in die Erde gesteckt, einen puritanischen Stecken,
nach drei Jahren die ersten Nüsse,
rätselhafte Früchte, angeblich
Abbilder unseres Gehirns.
Alles wird der Ordnung geopfert,
die Kindheit, die Jugend, der Garten, die Sorge.
Nur mein Gehirn ist so unordentlich geblieben
wie der ungehobelte Nußbaum,
der dem Hasel das Wasser abgräbt.
Aber ich brauchte seinen Schatten,
um mich auszuruhen und zu schauen,
meinetwegen auf Kosten der Wahrheit.
Den freien Platz besetzt jetzt das Unglück,
in dessen Schatten sich die Zeit niederläßt,
die gefräßige Zeit, die alles an sich reißt,
über und unter der Erde, am hellichten Tag.

Das Grab

Schau, der leuchtende Saum
unserer Fußspuren, die zum Grab führen,
als hätte der Mond sich geteilt
und schiene, bitter und kalt und stark,
nur auf unseren Weg und wollte schon
nichts mehr wissen vom Leben
in unseren Körpern.
Laß uns nebeneinanderliegen.

Mein Hunger gehört schon den Wurzeln,
mein Durst den Steinen,
meine Wörter den winzigen Tieren,
die uns das Bett bereiten für kurze Zeit.

Eine andere Geschichtsschreibung

Windstille. Ein Hund schnüffelt vorbei,
ohne mich eines Blickes zu würdigen.
Er hinterläßt eine genaue Wegbeschreibung
im Schnee. Die Vögel lesen ernsthaft
in den Bucheckern, die schwarz auf dem Weiß
liegen: Mach es dir nicht zu leicht.
In der Ferne der klagende Ruf einer Sirene,
ein Ton, mit dem man Schlangen beschwört.
Als reichte die Stille nicht aus,
ein anderes Leben zu denken.

Alltag

Wenn ich morgens die Zeitung hole,
kommt mir das eigene Leben vor
wie die flüchtige Skizze eines anderen,
das im Vermischten haust.
Die Zeitung ist schwer,
als hätte das Böse Gewicht.
Die Geschichte frißt sich auf,
bald ist nichts mehr übrig
außer den Schlagzeilen.
Es wird immer sinnloser,
an einen Sinn zu glauben,
der schwerer wiegt als das Vermischte.
Wenn der Apfelbaum nicht wär
in meinem Garten, ich gäbe auf.

8. Mai 2013

Wenn mich nicht alles täuscht,
hat Gott sich in meinem Apfelbaum versteckt.
Zum ersten Mal seit Jahren hat er sich
ausgerechnet diesen Baum ausgesucht,
nicht gerade einen aufrechten Vertreter
seiner Gattung, dessen Früchte holzig sind
und bitter schmecken. Aber die Bienen
lieben ihn. Wenn ich mich, barfuß,
an seinen Stamm lehne, höre ich
ihren Erzählungen zu, von einem
Meer aus Honig ist die summende Rede,
das auch Moses nicht teilen kann.
Ich kann Gott lachen hören.
Da halten selbst die Vögel den Schnabel.

Auf dem Land

Wer sagt denn, der Himmel
sei leer, und weltarm sei einer,
der sich unter ihm krümmt
unter Aufsicht der Sterne?
Auf der Türschwelle, daheim,
liegt der Totenpaß,
den die Katze gebracht hat.
Jetzt nimm einen Zweig
vom Holunder, die Dämonen
in die Flucht zu schlagen,
die unter dem Türstock hocken,
als würden sie auf dich warten.

März 2014, unterm Apfelbaum

Dies ist die Stunde der Allesversteher,
die mit gesundem Menschenverstand
in der Asche wühlen nach Beweisen,
die sie selbst verbrannt haben.
Enttäuschte Pädagogen.
Aber die Asche nimmt der Wind mit,
der Allesfresser, der sie übers ganze Land
ausstreut, über Gläubige und Ungläubige,
über die verstummenden Bienenstöcke
und über unsere verstörten Herzen,
die taktlos ins Leere schlagen.
Die alte Kunst, Widersprüche auszuhalten,
um das Unverständliche der Schönheit
zu erfahren, ist vergessen wie manches Handwerk
oder überflüssig wie das Recht auf Wunder.
Ich sitze müßig unterm Apfelbaum,
lausche dem Selbstgespräch der Zweige
und sehe den heiligen Schatten zu,
wie sie sich aufs Sterben vorbereiten,
lange vor Sonnenuntergang.

Es sollte sein das Jahr der dicken Hummeln,
das Jahr des Futterals, der hohen Zeit,
der Wärme, die aus Frost und Nebel steigt,
das Jahr der weiten Himmel und der klugen Bücher,
die im Schatten von der Zukunft träumen,
das Jahr der Bienen und des Honigs.
Es sollte sein ein langes Jahr der Spinne,
die ihren Faden enger knüpft an meinem Hals,
das Jahr der armen Worte und des Mundes,
der sie wärmt. Es sollte sein: ein Jahr.

Herbst 2015

Mit bloßen Füßen
streicht die Nacht durchs Gras
und färbt die Äpfel schwarz.

Aus großen Kübeln
hat der Herbst seine Schwermut
in den Garten geschüttet,
und nichts davon will
im Erdreich versinken.

Flüchtlinge, leere Rucksäcke
über der Schulter,
tragen die Kälte durchs Land.

Einer zeigt eine Fotografie herum
von der Sonne überm Meer.
Seit er an Land ist,
läßt sie sich nicht mehr blicken.

Spaziergang im Mai, 2016

Der Himmel eine graue Schale voller Asche,
in der sich ein unersättlicher Wind vergräbt.
Die Erde dampft von früher Wärme und lockt
die Wurzeln ans Licht. Ich will kein Kind mehr sein,
will das Gras nicht mehr um Rat fragen,
wenn die Steine in sich gekehrt schweigen,
als ginge es tatsächlich um Leben und Tod.
Es geht um etwas anderes, das sich nicht sagen läßt
in meiner Sprache. Die Toten wissen es,
die Nacht für Nacht in meinem Kopf sich streiten,
bis ihnen der Morgen die Stimme abdreht.
Hier und da noch weiße Flecken, Schnee,
der sich nicht lösen läßt, und am Stauwehr
die gesammelten Werke der alten Blätter.
Wenn nur das wütende Schluchzen des Windes
nicht wäre, träte die Wahrheit vielleicht ans Licht,
die naive Wahrheit, die dem Gras so ähnlich sieht.

Le Monde, Januar 2017

für Yasmina Reza

Ein leichter trauriger Morgen
nach einer erbärmlichen langen Nacht.
Mit Honig in den Adern gehe ich ums Haus
wie eine Katze, der Wind lehnt am Tor,
und der Ahorn gibt sich alle Mühe,
mit seinen spitzen Schatten das Gras zu kitzeln.
Wem man dienen soll? Der Wahrheit
und dem Volk. Aber man ist nie der, der man ist,
trotz aller Arbeit kommt ein anderer vorbei
als der, den man erwartet hat. Er ist schon
im Haus, ein Prediger der Gleichgültigkeit,
und hält Reden wie auf dem Markt, Eis
klirrt in seinen Worten. Hell wird es
nicht mehr werden, weil wir den Schalter
nicht finden, der umgelegt werden muß,
bevor wir umgelegt werden.
Der kleine Mensch von nebenan
mit seinem Lichtlein, das als Blitz gedacht war,
in dem die Welt zu lesen wäre
wie ein Buch.

Im Englischen Garten, Januar 2017

Über dem Schnee eine bedrohliche Lichtflut
wie ein lang anhaltender Schrei,
der huscht über die nicht mehr erkennbare Welt,
als drängte ein Fieber zum Ausbruch.
Wenn man vom Wehr aus auf den Fluß blickt,
sehen in der Tiefe die Steine aus wie ein Setzkasten
der Erinnerung, den ein Schwarm Elritzen
blitzschnell verwirrt zu einer neuen Sprache.
Wie oft habe ich hier gestanden,
auf der Selbstmörderbrücke, das brummende Mahlen
der Stadt im Rücken, und auf das Wasser gestarrt,
das mir wie die Zeit selber vorkam.
Unverhofft gaben die Krähen den Segen.

Im Winter

Bei der Schneewehe lag ich,
bei den Lärchen, wo im Herbst
der Wind die Schafe sammelt,
und wartete auf das Ende
der Zerstreuung. Kein Vogel mehr
in den Ebereschen, kein Laut,
kein Durcheinander im weißen Staat.
Unergründlich und leer.
Ich sah, bei geschlossenen Augen,
die rissigen Hände meiner Großmutter,
wie sie den Apfel viertelte
mit sicherer Hand
und uns zu Gleichen machte
an einem Nachmittag im Winter.

Zur Lage

Man hat uns bestohlen,
aber wir wissen nicht,
was uns fehlt.
Nach Hause gekommen,
fühlen wir uns erleichtert.
Der Dieb, den wir kennen,
hütet sein Geheimnis,
er will uns schonen.

II.

»Der Begriff des Reisens
ist mit dem Ankommen
verbunden. Aber will
man überhaupt ankommen?«

Günter Metken

Einmal einfach

Es ist schön, mit dem Zug
durch Deutschland zu fahren,
immer zu spät.
Du hast es nicht eilig.
Schrebergärten kriechen
um die Städte herum
wie Schnecken.
Am Ende des Lebens
wird dir ein Tag geschenkt,
den darfst du verprassen
am Bahnhofsbuffet
zusammen mit Tauben und Spatzen.

Herbst am Bodensee

November. Noch steht der Mais
wie eine starre braune Mauer
und nimmt mein Flüstern auf.
Kein lautes Wort, kein Schrei,
nur leises Zweifeln, ob die Kutte hält
über den hellgelben Körnern.
Radikal ungläubig, ist es das,
was uns eint oder trennt?
Der Mais spricht alle Sprachen.
Über der Reichenau, wo die Schrift
in die Welt kam, kreist ein Milan,
und die Bücher, die immer recht
haben wollen, weil es sie sonst
nicht gäbe und der Tod tatenlos
zusehen müßte, wie wir im Mais
verschwinden, halten dicht.

Hotelzimmer in Hannover

Das Zimmer ist leer.
Die Tauben auf dem Fensterbrett
sprechen Russisch für Anfänger,
bevor sie vergiftet werden.
Ein Bett wird hereingeschoben,
es leuchtet im Dunkel;
dann ein Stuhl, Wasser, Bleistifte,
die sich an Romane erinnern.
Eine Lampe macht keinen Sinn.
Die Exportweltmeister schlafen,
do not disturb. Der letzte Schrei.
Eine Reisegruppe aus China
irrt durch die Heizung,
sie möchte ins Internet.
Auf einer Bank vor dem Hotel
wird eine Pipeline angezapft,
russisches Öl, eine konspirative Erpressung.
Gegenüber der Bahnhof,
um 5 Uhr 12 gelingt die Flucht
mit allen ungeschriebenen Büchern.

Nächtliche Szene

Der Bahnhof ist schon abgefahren;
nur die Gleise erinnern noch
an den Handel mit Menschen.
Den Körper mit Salz eingerieben,
ein Ziegenfell über der Schulter,
suchen wir zwischen den Gleisen
das Weite, das ins Land gegangen ist –
nicht aus Barmherzigkeit,
sondern aus Pflicht. Alle Uhren
sind bis an die Zähne bewaffnet
und hinken der Zeit hinterher.

Zbigniew Herberts Stuhl

An einem Tag im März 2014 in Warschau
darf ich auf Zbigniews Stuhl sitzen.
Die Sonne scheint durch die kahlen Äste
der mürrischen Bäume vor seinem Fenster
und läßt den Staub nicht zur Ruhe kommen
über den Büchern, eine solide Wand
aus Philosophie und Kunstgeschichte
in fünf Sprachen. Hat er die Katze noch gekannt,
die vor den griechischen Klassikern liegt?
Mit seiner Spinnenschrift hat er die Bücher
vollgekritzelt: Alles war anders,
als gesagt wird, sagt seine zittrige Schrift,
die den krummen Pfaden der Geschichte folgt
bis ins helle Herz der Schönheit.
Und dann betritt Herr Cogito das Zimmer,
die keuchende Stimme voller Rauch,
setzt sich mir gegenüber auf einen neuen Stuhl
und spricht vom Verschwinden der Religion
in der Theologie. Wir brauchen ein Leben,
sagt er, um zu begreifen, was ein Fremder
mit einem Blick erkennt, daß wir nämlich
so unbedeutend sind wie alle anderen auch.
Herr Cogito lächelt. Es wird schnell dunkel.
Warschau ist bald wieder eine dunkle Stadt.

Wegrand

Geh du deinen Weg,
den holprigen,
ich warte hier,
wo Minze und Geißblatt
das Kreuz überwuchern.
Ich habe ein offenes Herz,
durch das die Ameisen laufen,
ich kann ihre Beine spüren.
Sie tragen mir das Herz ab
mit schöner Geschäftigkeit.
Das große Kunstwerk Wiese,
in Farbe, und das Kreuz,
das nicht zu sehen ist
mit bloßem Auge.
Wenn du zurückkommst,
wirst du mich nicht mehr finden,
aber das Kreuz wird dir sagen,
wo ich war.

Cluj / Belvedere

Noch hält der Nebel die Kirchen versteckt,
doch ich höre ihr römisch-katholisches Murmeln.
Auch ich halte mich bereit.
Die Ambulanz fährt die Toten der Nacht
sicher nach Hause ins Land jenseits der Wälder.
Wenn der Schatten der Tauben die Hunde streift,
gehen die Lichter aus, und die Welt wird verständlicher.
In der anbrechenden Helle sehe ich
auch die geschwätzige Mafia der Spatzen.

Vor Wien und in Wien

Gutmütige Wolken, wie Bauern, die auf dem Markt
ihr Gemüse verkaufen, begleiten uns bis ins Zentrum.
Die Stadt denkt nicht daran, mein Leben zu retten.
Im Hotelzimmer steht eine Mauer aus Worten,
die ich im Halbschlaf übersetze.
Ich weiß nicht, auf welcher Seite du liegst,
aber ich höre dich atmen.
Wenn ich ein Streichholz entzünde,
springt das Dunkel ins Zimmer:
Wir dürfen nicht gesehen werden in Wien.

Im Süden, am Meer

Ginster und andere Stechpflanzen, dieselbe Schule,
genügsame Begleiter, die wochenlang ohne Wasser
                              auskommen,
aber immer tipptopp im Wind, von Insekten umschwärmt,
die wie an Schnüren gezogen auf- und absteigen
über der grünen Skulptur. Wie das Paradies aussieht?
Die Welt ist so angefüllt mit Elend, daß der Gesang
erfunden werden mußte, auch wenn er keine Lösung ist.
Es gibt keine Lösung, auch das Schreiben ist keine.
Manchmal schlägt eine Welle über die Klippe
und hinterläßt für Sekunden ein kleines Meer
auf dem Weg und den seltsamen Geruch nach Wasser
und heißem Staub. Der Horizont dunkelt ein
und gibt das Unmögliche preis, das sich dem Wort
widersetzt, dem untreuen Gehilfen. Jetzt ist es Zeit
für die Ameisen und ihre wimmelnde Schönfärberei.

Traum vom 27. September, Modena

In einem knallbunten Prospekt,
der im Hotel auslag,
wurde die Stadt beschrieben,
in die ich verbracht worden war.
Einen Namen hatte sie nicht.
In glühenden Fußnoten
war von Eseln die Rede,
deren Schreie gesammelt werden
gegen Fieber und Durchfall.
Die Rechnung, wie immer, ohne den Wirt.

Opfern

Im Dom von Modena, einem strahlenden Tempel
der Andacht, auf dem die Vögel sich wohl fühlen,
was die hellen Steine zu Tränen rührt.
Jeder dunklen Hand gab ich ein Geldstück,
den Rest warf ich klirrend in einen Opferstock,
der sich lateinisch bedankte. Bleib stehen,
rief ein Greis einem Kind hinterher; ich blieb.
Ich war froh, mich nicht schämen zu müssen.
Nach der Messe, im offenen Mittag, stand ich
lange vor den Fotos der Opfer des Widerstands,
die an der Nordwand angeschlagen sind
mit ihren Namen und den Daten ihres kurzen Besuchs
auf der Erde. Manche hatten noch ihre Zigarette
im Mundwinkel hängen, alle schauten mich an.
Eine Wand aus Blicken, die mich begleiteten
bis zu meinem Hotel, Libertá, Best Western,
gleich hinter der Synagoge, wo Soldaten die Klage
bewachen, wie überall in Europa. Wir müssen Gott
zurück in die Schule schicken, dachte ich. Eine Spinne
arbeitete in einer Ecke des winzigen Zimmers
unerbittlich an ihrem Faden, es ist hohe Zeit.

3. Oktober 2015

Am Tag der Deutschen Einheit
saß ich mit Maimonides in Córdoba
in einem Café hinter der Synagoge.
Er sprach mit Würde und Grazie
über Toleranz, kaum zu verstehen
zwischen den schwatzenden Touristen.
Ich wartete auf einen Anruf.
Vor uns lag ein Hund und hechelte
nach einem Namen. Du, lieber Hund,
gehörst zu einem schriftlosen Volk,
das gegen Hunger und Unwissenheit kämpft.
Alle Gäste im Café telefonierten,
als wollten sie mehr voneinander wissen.
Maimonides schwieg.
Allmählich verlor sich das Leben, doch so langsam,
daß Hoffnung aufkam, es könnte sich
eine Zukunft vorstellen vor dem Tod.

Hotel Villa Politi, Syrakus

Vor dem Zimmer 130 der Eingang
in die Unterwelt, winzige Vögel
bewachen die Pforte,
die selber unsichtbar bleibt.
Es ist so dunkel,
daß man sich leicht als den begreift,
der man ist.
Um Mitternacht stehen Fremdenführer bereit,
die einen durch den Honig der Erinnerung
begleiten, ein zähes Geschäft.
Dann hört man die Toten tuscheln,
besessen von der Frage,
warum die Lebenden am Leben bleiben wollen.
Am Ende des Ganges ein schwaches Licht,
dort wird die heilige Lucia begraben.
Auch sie hat nur mit Zitronen gehandelt,
wie wir alle, denen die Worte fehlen
für einen Pakt mit dem Teufel.

Tiefflug

Wie ein Friedhof sieht der Flughafen aus;
bis zum Abend finden noch dreißig Beerdigungen statt,
in Toulouse z. B., in Abu Dhabi und in Berlin, und die
                                        Schlange
der Menschen, die nach Belgrad oder Izmir wollen, ist lang.
Erinnerst du dich an den Friedhof von Izmir,
wo es das beste Pistazieneis gab, das beste der Welt,
und uns die Lebenden wie verkannte Tote vorkamen,
die vergessen hatten, in welcher Sprache
sie mit uns reden sollten? Ein letzter Aufruf für Herrn
                                        Hatake,
der an seinem Grab in Paris erwartet wird, aber
sich bei Münster angestellt hat, zur Urnenbestattung.
Mit jedem Ticket erhält man eine kleine Sanduhr
aus Plastik, die im Morgengrauen abgelaufen ist,
manche halten sie schräg, um die Zeit zu betrügen.
Furchtbare Musik aus allen Lautsprechern!
Und wo früher das Wiener Kaffeehaus war,
darf man jetzt, gemeinsam mit den Toten, beten.
Meine Nachbarin in der Schlange, aus Warschau,
hat ein dickes Buch über die Gottesanbeterin geschrieben,
die dazu verdammt ist, ihr Männchen zu verzehren,
obwohl es nach nichts schmeckt.

Schönheit

Im Zug heute, von Krefeld nach Köln,
ging eine Alte von Bank zu Bank
und bot Schönheit an.
Alles schaute zum Fenster hinaus,
um sie nicht anschauen zu müssen.
Sie hatte schwere, müde Hände,
an jedem Finger trug sie einen Ring.
Hände, die an die Ewigkeit glaubten.
Ihre Geschichte ist eine Erzählung,
die jeder kennt, auch wenn sie keiner versteht.
Was ist, wenn man die Gabe verweigert?
Ein Schulterzucken ging durchs Abteil.
Und die Alte, die Schönheit in Händen,
schlurfte weiter, durch den Zug hindurch
und dann hinaus, weil es
keine Türen gab im letzten Waggon.
Der Zug hielt an, wir mußten warten,
bis auf dem Gegengleis der Tod vorbeifuhr,
der sich verspätet hatte. Sechs Minuten.
Aber bis Köln, sagte der Lautsprecher,
holen wir das spielend wieder ein.
Gute Fahrt!

Pescara, im November

Das Meer spült Briefe an Land,
frankiert mit Schnee, geheime
Nachrichten für die Zeit
nach dem Tod.
In den Palmen wütet der Wind.
Mein kleiner Bleistift hält
zu mir, der Rest macht sich auf
ins Einfache, das unabhängig
sein will von aller Beschreibung.

Osterspaziergang

Der Weg zurück über dem Meer, am Ginster entlang,
der den Schafen die Wolle stiehlt.
Ein Schiff zieht den Sonnenuntergang
übers Wasser wie in alten Legenden.
Der Strandhafer, erregt, als stünde etwas bevor,
und die Echsen sollen es verkünden.
Im Ginster wohnen die Götter, sie haben Hunger.
Ich bin der Führer der Unschlüssigen,
aber ich darf mich nicht umdrehen.
Vor mir der uralte Ölbaum, der Richter,
mit seinen tausend salzigen Augen,
er hat den Weg im Blick, der das Meer teilt.
Ein Gott ohne Füße, dachte ich,
der nicht weglaufen kann wie ich,
muß das Elend lange betrachten,
und erst wenn die Sonne verzischt ist,
kann er mein Begleiter werden
auf dem langen Weg nach Haus.

Hotel Kanet

Am Fenster meines Hotels *Kanet* in Skopje
flog plötzlich der Kohlweißling vorbei,
den ich von zu Hause kannte. Ich wollte nicht
glauben, daß er mir gefolgt war,
den langen staubigen Weg bis hierher,
aber seine Technik verriet ihn,
das nervöse Geflatter und der plötzliche Stillstand,
wenn er auf den Köpfen der Generäle ausruhte,
die eisern die Straßen säumen,
als gäbe es mehr zu beherrschen
als das braune Laub der Kastanien,
das schon im Juni den Herbst ahnen läßt.
Wie eine Marionette tanzte er vor meinem Fenster
und erzählte die Geschichte seiner Reise:
Die Polizei in Innsbruck hatte ihn durchgewunken,
die Serben, Kroaten und Albaner seine Flügel gestempelt,
ein kyrillisches Visum auf seiner weißen Seide.
Ich saß stumm auf dem Bett und sah ihm zu,
die Hitze machte uns beiden zu schaffen
und der Lärm eines Rock-Konzerts im Park.
Seine weiße taumelnde Schrift war leicht zu lesen
in der schwindenden Helle.
Mit letzter Kraft erreicht er die Zypressen,
die wie Kyrill und Method das Hotel bewachen.
Noch eine Stunde, dann wird er ein weißer Fleck sein
im Mulch unter den Bäumen, und die Mäuse werden sich
seiner Seele erbarmen. Ach, lieber Kohlweißling,
wie könnte ich je dich vergessen.

In Skopje, 2015

Nacht, Zeit des Herzstillstands,
das Zimmer nebenan bleibt leer.
Ich bin der einzige Gast und horche
auf das ottomanische Geraune
der Maulbeerbäume.
Bin ich jetzt alt?
Die faltigen Arme, die zerfressene Hüfte
und überall Flecken auf der Haut,
sie ergeben ein Suchspiel:
Wenn du die Punkte richtig verbindest,
winkt dir als Hauptpreis ein Tod.

Vor dem Fenster wird ein Streichholz
gezündelt: Wird es die Welt erleuchten,
oder geht sie in Flammen auf?
Am Morgen zieht ein Gespräch ein
ins Zimmer nebenan, es wird geflüstert.
Verstanden habe ich nichts.

In Mazedonien

In Mazedonien geht man abends
verkehrt herum ins Lokal,
damit man nicht sieht,
wie man empfangen wird.
Die Linden folgen einem
über die Schwelle, sogar die Bienen
haben Zutritt zum Schankraum.
An den Tischen sitzen Bücher,
die einander auswendig kennen.
Hinter der Bar hängt ein Spiegel,
der Alexander den Großen zeigt,
wie er gerade vom Pferd fällt.
Nimm Wasser zum Anis-Schnaps,
das löst den Honig im Herzen
vor dem Infarkt.

In den Abruzzen

Aus der Vogelperspektive,
die ich liebe, ist der Dorn
nicht zu sehen, die Calle Pineto,
wo das Massaker stattfand
vor siebzig Jahren. Schwarze Falter,
die im Licht des Feuers
zum Vorschein kommen, befreit
von Trägheit und Geschichte.
Was wir sagen, haben die Toten gespürt,
was wir wissen, wissen wir von ihnen.
Wir müssen,
wie verlorene Kinder, die Worte wiederholen,
damit wir am Leben bleiben,
die Calle Pineto läßt uns keine Wahl.

In caso di emergenza

für Anwar M. Shaikh

darf man den Aufzug nicht benutzen.
Aber auf der Treppe fehlen Stufen,
und auf denen, die noch halten,
kauern Familien und erzählen Anekdoten
über die Schönheit der Wolken.
Ein seltsames Hotel, ohne Dach
und ohne den Makel der Vollkommenheit.
Der Sturm drängt auf sachliche Klärung.
Aber wie immer, wenn man hier absteigt,
reißt plötzlich der Himmel auf
und zeigt, auf einer verblichenen Lichtung,
die Eröffnung des Konzils der Schwalben.

Begrüßung des Freundes

Aus einer langen Abwesenheit
kehrst du zurück
zu uns verarmten Verwandten.
Wir erkennen dich an der
geschickten Bewegung der Hände,
mit der du die Gabel hältst
und das schartige Messer.
Wenn du die Dinge anschaust,
blühen sie auf, wie immer.
Dein Projekt in der Fremde,
die Verschlüsselung der Welt,
ist nicht abgeschlossen, auch wenn
du redest, als sei die Zukunft verbraucht.
Wir werden kleiner und kleiner,
wenn du vom großen Sagen sprichst,
den Kopf an die Mauer gelehnt
wie einer, der nicht von hier ist
und schon gar nicht von dort.

Schaf

für Caspar von Lovenberg

Gestern dachte ich wieder an die Schafherde
in Mezin. Ich war aus dem Auto ausgestiegen,
schaute über die sanften Hügel der Gascogne,
die wirklich einladend sanft sind, und dachte,
mehr kann das Leben nicht bieten
als diese Wellen aus Weizen, Gerste und Sonnenblumen,
die einmal zum Meer wollten bei der Erschaffung der Welt.
Nicht jeder schafft es bis zum Meer.
Plötzlich, die Sonne im Mittag und ich ohne Schatten,
war ich von einer Schafherde umgeben.
Sie wollen dich erdrücken mit ihrer wolligen Nähe,
ging es mir durch den Kopf, und eine Schafsangst
kroch mir in sanften Wellen über den Leib.
Aber sie nahmen mich auf, sie behüteten mich,
ich wurde zum Schaf und bin es geblieben.
Andere wollen Hund sein mit Ohren, die fliegen,
wieder andere eine Katze und nichts als das.
Aber ich bin Schaf, ein Schaf unter Schafen,
ein angesehenes Mitglied der Herde.

Nach dem Fest

Die Zelte waren abgebrochen,
jetzt waren wir die Überbleibsel.
Eine leere Festwiese am frühen Morgen,
bewacht von Linden mit der Seele von Hirten.
Die Steine wurden langsam wieder kalt.
Können Sie sich ausweisen?
Gebt acht, warnten die Worte,
bevor des Schnitters Sichel
sie zum Schweigen brachte.
Was nie wirklich wirklich war,
kann man nicht entschlüsseln.

Am Wasser

Lange und still
am Wasser eines Baches sitzen.
Alle vernünftigen Argumente
schwimmen vorbei, nichts hält auf,
das Wasser läßt sich nicht erweichen.
Geruch von Kiefernnadeln
und jungen Brennesseln, erhitzt.
Ein Blatt Sauerampfer im Mund,
der das Lachen verbietet.
Das größte Unglück bleibt,
daß wir den Mund nicht halten.
Alles, was man nicht gewesen ist.
Ein glitzernder Eilzug,
der nie Verspätung hat,
wenn man ihn fahren läßt.
Bleib sitzen, schweig,
leih dir keine Worte vom Wasser,
laß sie ziehen.
Halte dich an die Steine,
wenn dir nach Reden zumute ist.

Sonnenblumenkerne

für Ryszard Krynicki

Manchmal frage ich mich,
ob wir uns wiedersehen, die Madonna
mit dem Hermelin in Krakau z. B.
oder die Sonnenblumen in Laroche,
wenn sie die ausgetrockneten Köpfe
hängen lassen vor der Ernte
und keine Kraft mehr haben,
sich nach dem Licht zu richten.
Die Madonna, schreibt mir Ryszard,
zeigt noch immer ihr bekümmertes Gesicht.
Ich habe sie anders in Erinnerung,
heiter, wie eine Sonnenblume am Mittag.
So erinnere ich mir ein anderes Leben,
eine andere Vergangenheit,
die lange vor der Ernte beginnt.
Die Kerne der Sonnenblumen
aus Laroche kann ich kaufen,
drei Euro das Tütchen.
Die Schale muß man knacken,
den Rest spuckt man aus.

Flug

Der Himmel ist voller Kondensstreifen,
als hätte man Götter gejagt.
Sie gehen geräuschlos über Leichen
und zerfallen, ohne Anfang und Ende.
Eine ohrenbetäubende Stille,
in der Drohnen sich wohl fühlen,
beladen mit christlichen Werten.
Im Flugzeug um mich herum
Feinde, die einmal Freunde waren.
Sie beherrschen die Kunst,
das Elend vergessen zu machen.
Die Drohnen fliegen dem Tod voraus,
damit er auf keinen Widerstand trifft,
bevor wir landen im Jetzt
und verglühn.

III.

»Die transzendentale Seite
der Kunst ist immer eine Form
des Gebets.«

John Berger

Vorbilder

Bitte, nehmt euch ein Beispiel
an den Bienen. Jede einzelne Wabe
wird gleichmäßig gefüllt, auch im Winter
ist genug da für alle. Hört ihr,
wie sie trotzdem das Lob
der Unvollkommenheit summen? Unsere Welt,
ob mit oder ohne Königin,
ist im Sprechen entstanden, jedes Wort
zungengeboren, aus dem Mund
entlassen ins Geläufige. Die Bienen
übersetzen, und der Wind, der ums Haus
geht wie ein Dieb, sammelt ein
und macht einen Vers draus,
den wir nur nachsprechen müssen.

Im Park der Musik

für Alfred Brendel, von Herzen

Das Tor steht immer offen, jeder kann eintreten
und auf dem Kies ein Geräusch hinterlassen,
auch Terror und Krieg sind herzlich eingeladen.
Wer ein Messer bei sich hat oder eine Pistole,
tritt gegen Amseln an, Spatzen und Tauben,
die den Flugzeugen nachfliegen, wenn es kracht.
Auch die Kinder lieben es laut, wenn sie
den Schall fangen wollen mit offenen Händen.
Und dann wird es plötzlich so still,
daß man die Klagen der Fliegen hören kann
und wie mein Buch lautlos die Sprache wechselt.
In der hintersten Ecke des Parks, wo,
gegen die ehernen Statuten der Zeit,
das Dunkel sich eingenistet hat wie altes Gras,
dreht Schubert das knarrende Rad der Sehnsucht,
als gäbe es noch eine Welt, die ihn braucht.

Das Buch der Blätter

Die Sonne, die jetzt den oberen Teil
des Ahorns aufleuchten läßt und im Buch
der Blätter, das keinen Anfang kennt und kein Ende,
eine Seite liest, mahnt zur Eile.
In jedem Blatt ist das Zentrum anwesend,
noch im letzten, das schon im Dunkel hängt.
Der Wind liest mit, er überspringt die Seite,
wenn der Specht auf einem Punkt besteht
und die Finken die Zeilen vertauschen,
damit das Volkslied sich nicht singen läßt
in alter Manier.

Das schöne Haus

für Wolfgang Rihm

Nichts gehört dir in diesem Haus,
das steht über der Tür in gotischer Schrift,
beleckt von Efeu und Wicken, von Bienen
geliebt und auch von Mücken.
Der Schlüssel ist auf Reisen
an diesem schönen Tag,
er schläft in anderen Schlössern.
Der Ahorn, ein alter Meister,
übergibt seine Geschenke dem Wind,
und der Geruch von Flieder hält sich
in der Hecke, aneinandergepreßt steht sie da
wie eine Anthologie von Liebesgedichten,
die keiner mehr lesen will.
Hier soll der freie Wille leben,
wenn er nicht von Haus zu Haus geht
und sich verkauft zu Schleuderpreisen,
behauptet der Nachbar, eingehüllt
in seinen Mantel aus Stein.
Wenn du das Ohr an die Tür preßt,
hörst du eine Uhr ticken, so laut,
als wollte sie die Zeit aufwecken,
damit der Tod wieder zu tun hat,
der faul unter dem Apfelbaum liegt
und sein Herz von Disteln befreit,
denn bald soll wieder Winter sein.

Andacht

Unter der Autobahnbrücke
wird eine Kirche gebaut
aus Abfall, als Altar dient
ein alter Kinderwagen.
Worte der Vergebung und
Gnade. Erinnerungen,
die keiner mehr braucht.
Der Pfarrer ist uralt
und meistens betrunken.
Aber er hat sich in Gott
verbissen, und jeder
hört ihm andächtig zu,
wenn er die Welt verflucht.

Rhetorik

Nach Sonnenuntergang, hieß es,
hält Demosthenes einen Vortrag
im Steinbruch vor der Stadt.
Wir waren da, auch die,
die nur Bahnhof verstehen,
wenn es um Wahrheit geht.

Er klaubte Kieselsteine auf,
die er sich in den Mund steckte,
um die Zunge geschmeidig zu machen.
Wenn er Kummer sagte oder Klage,
hüpfte ihm ein Stein
von den Lippen.

Am Ende, mit leerem Mund,
nahm er ein schnell wirkendes Gift.
Die Zuhörer, schläfrig und verdrossen,
machten sich auf den Heimweg.
Ich sammelte, als letzter, die Tränen auf,
bevor sie trockneten.

Ratschlag für Dichterlesungen

Man muß leise sprechen,
immer leiser,
um nicht von allen gehört zu werden.
Die Lippen aufeinanderpressen,
damit die Wahrheit sich schwertut.
Auf das Atmen der Stadt hören.
Und niemals aufblicken,
um das Unglück nicht sehen zu müssen.
Jede Erklärung des Unglücks
bedeutet eine Vermehrung des Jammers.
Das innere Rätsel braucht wenige Worte,
man kann es noch kürzer sagen.

Schattenwirtschaft

Wie Galgen sehen die Bäume aus,
ihrer Blätter entledigt nach dem Gewitter.
Unterm Baum hocken Menschen,
die vergraben ihre Pässe,
wie seit Menschengedenken.
Schuhe, auf einen Haufen geworfen,
wer braucht noch Schuhe?
Die Zeiger der Uhr nehmen sich Zeit,
die Zeit, die ich brauche,
dem Bild zu entkommen.

Schnee

Ich habe den weißen Mantel berührt
und unter dem Mantel zwei warme Länder,
Arm und Reich, in meiner erfrorenen Hand.
Ist die Erzählung zu Ende?
Unter dem Schnee wartet das Eis,
das bringt dich zerbrochen ins Tal.

Über Throne und Stühle

War es nicht gestern,
daß wir noch alle auf dem Boden lagen,
ich meine die ganze Menschheit,
und darüber nachdachten,
wie der andere da, der auf dem Thron,
zum Verstummen gebracht werden kann?

Und heute sitzen wir alle auf Stühlen,
ich meine die ganze Menschheit,
und denken darüber nach,
woher die Angst kommt, eine Geschichte
zu haben, die sich erzählen läßt,
ohne innezuhalten.

Die Rückkehr

Die Fliege vorhin,
die über den Küchentisch torkelte,
als müßte sie sich erholen
von einer großen Müdigkeit.
Zwischen den Krümeln vom Frühstück
las sie das Übriggebliebene,
den verdorbenen Rest.
Menschen, die über Abfallhalden wandern
und alles von uns wissen. Alles.
Sie kennen nicht das Gelübde der Armut.
Später, schon bei den Büchern,
sah ich, wie sie den eigenen Weg
zurückverfolgte und starb.

Weißdorn

Genug jetzt geschwärmt von den Sonnenuntergängen,
wenn über dem See die Luft so leicht wird,
daß sie den Schmetterling nicht halten kann.
Genug von den Krähen, die in den Pfützen herumstehen
wie Leute, die nicht wissen, was sie mit ihrem Geld
anfangen sollen. Nie wieder erwähnen:
die Förmlichkeit der Tulpen, das rostige Rot
der Flechten und das Gelb abgestorbener Moose,
die Farbe der Rinde der Eiche bei Regen
und Weidenstrünke, die ihre Fäuste recken.
Davon nichts mehr.
Was kostet der Unterhalt einer Seele, natürlich
inflationsbereinigt, dafür bar auf die Hand?
Oder ist alles umsonst?
Sieh, wie der Weißdorn sich aufdrängt!

Sonnenblumen und Gedichte

Schau, wie der Himmel sich wölbt
über den mißmutigen Menschen,
die, in ihr Stück Erde verkrallt,
den Blick abwenden vom Licht,
während die Sonnenblumen,
ohne den grauen Hals zu verrenken,
sich um die eigene Achse drehn,
um den letzten Strahl einzufangen.
Es gibt eine Art von Gedichten,
hinter denen man sich verstecken kann,
und andre, die einen zeigen.
Der Spiegel, der am Schuppen hängt,
ist untreu geworden nach vielen Jahren:
Er sammelt das Licht nicht mehr ein,
mit dem ich mir Ausdruck verschaffe.
Wenn es so weitergeht,
wird bald geerntet, Öl und Gedichte.

Das Leben ein Traum

Ich will nicht mehr träumen,
seit sich Nacht für Nacht das Zimmer füllt
mit Menschen, die einmal flüchtig
meinen Weg gekreuzt haben.
Meinen Weg, wie das schon klingt –
ein paar Kiesel, über die ich nicht gestolpert bin.
Sie stehen um mich herum und glotzen,
als hätte ich ihnen mein Leben vorenthalten.
Nun sag schon! Spuck's aus!
Seit ich nicht mehr schlafe,
kommen immer mehr.
Sie schreiben auf, was ich sage,
und schicken es mir zu, eingeschrieben.
Ich lese. Und verstehe nichts mehr.
Soll das mein Leben sein?

Das Böse

In der Stadt heute, in der Sekunde,
da man keinen Schatten wirft,
stand plötzlich das Böse vor mir.
Endlich einmal Auge in Auge!
Ein Wind, zufällig unterwegs wie ich,
blies mir Staub in die Augen,
und als ich sie wieder öffnete,
sprang mir mein Schatten voran.
Ich hatte die Hand noch erhoben,
so daß ich den Teufel an die Wand
malen konnte, wie Kinder es tun.

Der Streit

Der Streit hatte zwei Hände,
die sich nicht lösen wollten.
So wurde aus einem Abschied
ein Bleiben. Die Hoffnung blieb
trocken unterm Regenschirm.

Der Mann aus dem Eibiswald

Ich lebe hier in diesem Haus,
ich bin hier geboren und werde
hoffentlich auch hier sterben.
Manchmal frage ich mich,
wie die Zeit vergeht.
Ich spreche gerne mit ihr,
aber sie will weiter, weiter.
Meine Lieblingsfarbe ist Grün.
Die Jacke, die Rahmung der Tür,
der Fußabtreter, die Gummischuhe,
alles grün, auch der Regenschirm.
Wie viele unterschiedliche Grüns
gibt es auf unserer Welt?
Früher liebte ich alle Farben,
wie man an dem Flickerlteppich sieht,
der auf der Bank liegt:
alles Stoff von mir.
Ich weiß, daß ich lebe,
aber ich kann es nicht erklären.
Manchmal, wenn ich hier sitze
auf meiner Bank,
läuft ein unglücklicher Schatten
über die Wand, weil die Zeit
nicht stillstehen will, wo doch sonst
alles bei sich selber ist.

Eklektisch, aber wahr

Wenn ich nachts auf meiner Terrasse sitze,
der gestirnte Himmel über mir
und die Sprache, die nicht Gesetz werden will,
unter der Zunge, sehe ich, voller Mißtrauen,
zu den säbelrasselnden Sternen hinauf,
die unseren Kalten Krieg überwachen.

Manche der zwanzig Millionen oder mehr,
die wie ich aus ihren Türen treten,
den sich wärmenden Schlüssel
noch in der Hand, geben sich preis,
andere stehen stumm rauchend
auf staunender Erde und frieren.

Aber keiner weiß, was er machen soll
in dieser sternenklaren Nacht,
die uns am Leben hält.

Haus am Stadtrand

Frau Sorge hat sich ein Haus gebaut,
am Stadtrand, wo man nicht weiß,
wohin man gehört.
Das Haus hat keine Fenster.
Sie lebt dort mit zwei alten Tugenden,
Geduld und Dankbarkeit,
die ihr abends die Karten legen,
und einem zahnlosen Hund.
Der Narr macht die Einkäufe,
Glühbirnen, Draht, Pflaster gegen die Gicht.
Manchmal kommt ein Greis vorbei,
der hilft ihr im Garten, man hört
seine Gelenke knacken, wenn er sich bückt.
Die Gurken von Frau Sorge, sagt er,
schmecken nach Gurke, als wäre das
eine Wahrheit, die zu sagen sich lohnt.
Frau Sorge hat lange keiner gesehn,
und manche fragen sich,
ob sie überhaupt noch lebt.

Träumerei

Nichts zu erwarten,
weil der Himmel schon stumm ist
und das Land sich krümmt
in Geduld.
Gesetze auslegen, verändern,
um den Stand der Sonne
zu korrigieren, alles
soll sich ändern,
bis das Warten sich lohnt.
Nur die Stimme verbrennt,
die das Sagen hatte,
den erkennbaren Ton.
Wir wollen die Toten ehren,
die Hüter des Gestern.
Nimm den Staub mit,
denn sie lieben den Staub,
den Staub gib zur Asche,
aus der alles wächst,
was uns hält –
ohne sie wären wir nichts.

Tägliche Übung

für Friedmar Apel

Wie ein Schüler sitze ich
vor meinem Baum, dem Lehrer.
Eine Stunde hat zwölf Sekunden.
Er unterrichtet mich
in Schattenkunde, Schweigen,
was es heißt, aufrecht zu sein.
Kommt ein Wind auf,
ist die Schule zu Ende,
dann beginnt die Arbeit.
Unter meinem Baum
ist die Schönheit versteckt,
graben ist sinnlos: Man sieht sie
nicht, man muß sie erzählen.
Ein Specht schreibt Zeugnisse:
Schon wieder durchgefallen,
Gott sei Dank!

Zutritt verboten

Unrast heißt das Dorf, in dem ich lebe.
Im Supermarkt gibt es eine eisige Substanz,
die durch den Körper sickert
und in der Erde verschwindet,
ohne daß man sie nachweisen kann.
Sie kostet alles, was du bist.
Die Menschen in meinem Dorf
tragen alte Prophetenmäntel,
außen Wolf, innen Schaf,
das ist gut für die Seele.
Eine Dachrinne, die tropft, ersetzt uns
die Uhr, viel Zeit haben wir nicht.
Aus Hahnenklee und Kornblume
bereiten wir unseren täglichen Tee.
Wenn das Fieber fällt,
lassen die Blumen den Kopf sinken,
dann ist Zeit, mit den Steinen zu reden,
die hier die Verantwortung tragen,
als wäre das ein Beruf.

Gute Vorsätze

Es dämmert, ich habe noch eine Stunde,
dem Tageslicht aus eigener Kraft
ein paar Zeilen zu opfern. Es ist so ruhig,
daß man die Dinge flüstern hört.
Das Elend wächst in der Ferne, wo ich,
an die Nähe gefesselt, nicht bin,
aber sein wollte, als ich jung war.
Es wächst geduldiger, als man denken kann.
Jetzt Pläne machen für die Zeit davor,
um der Sache, die wir Leben nennen,
doch noch eine Richtung zu geben,
eine schöne, das wär's.
Aber die Tiefe reizt mich nicht,
solange ich den Vögeln zuschauen kann,
die ohne Kummer und ohne Tränen
in diesem späten Licht ein Haus skizzieren,
in dem sich leben läßt,
ein Haus für Pilger ohne Bitterkeit.

Der andere Gott

Wenn man, ganz unerwartet, so alt wird wie ich,
träumt man immer häufiger von einem Land
ohne den Schabernack, der uns als Leben
verkauft wird: von einer anderen Erzählung.
Auch die Geschichte mit Gott muß anders erzählt werden.
Die Vorstellung zum Beispiel, daß hinter unserem Gott
noch ein anderer Gott steht, der ihn beaufsichtigt,
ist beunruhigend. Beaufsichtigen trifft die Sache
vielleicht nicht oder nicht ganz. Es geht darum,
daß unser Gott zu lange in der Hoffnung lebte,
nicht durchschaut zu werden. Da aber alle Menschen
etwas zu fürchten haben müssen, sollte ihnen
nicht immer vergeben werden, das ist wahr.
Mit diesen Gedanken saß ich unter dem Baum
und schaute zu, wie die Tage ins Land gingen,
mal allmählich, dann wieder plötzlich,
als hätten sie es eilig, von meinen Gedanken wegzukommen.

Die Fliege

Als ich heute, offenen Auges, der Fliege
gefolgt bin, die mit nimmermüder Geduld
jeden Zentimeter des Fensters beschrieb,
hinter dem der Frühling begann sich zu strecken,
dachte ich, daß ihr wirres Serifengekrakel
von der anderen Seite gelesen werden könnte
als ein großes Gedicht über den Trost
des Scheiterns in einer zu großzügigen Welt.
Irgendwann, mitten im gebrochenen Vers,
fiel sie auf die Fensterbank und zappelte
mit den Beinchen, als wollte sie,
vor dem Ende, ihr Werk noch vollenden,
das unvollendet blieb. Dann die Dämmerung,
die mit rosaroter Geste das Fenster reinigte,
weil ein Leben, das nichts verspricht,
keinen Endreim haben darf vor dem Tod.

Wie ich die Nacht verbrachte

Wo soll die andre Welt beginnen,
das fremde Gebiet, in dem die sachlichen Stimmen
keinen Widerstand finden und einfach aufgeben,
so wie wir alle irgendwann aufgeben, wenn der Abend
sich hinzieht und die Not keinen Ausweg kennt?
Wir werden nie vernünftig, das ist das Gebot,
das wissen die Heimchen und die Glühwürmchen,
die mit Freude ihre Batterien leeren.
Dieser Baum am See, ein Obdach für mich
für eine lange Nacht, gebettet auf Leberblümchen
und Brennesseln, die nach dumpfer Hitze riechen.
Ich höre, wie die Fledermäuse das Wasser ritzen
und die Fische zwingen, das Element zu wechseln.
Und wäre nicht der schrille Schrei gewesen
eines Nachtvogels, wie aus der Stille geschnitten,
ich hätte den Glauben verloren für immer.

Nähe

Vor meinem Bett
steht ein Löwe.
Er muß in der Nähe
leben, denn er kommt
regelmäßig vorbei,
einmal im Monat.
Wenn er da ist,
schlafe ich ruhig.
Kein böser Traum
traut sich in seine
Nähe.

Träumerei

Auf Matratzen, wahllos
im Raum verstreut,
sitzt der Kummer.
Eine Flasche Wein kreist.
Draußen fahren Schiffe vorbei,
die nicht ankern können.
Wir hören unser Herz,
bevor es zerspringt
in der Stille.

15. Mai

Ich habe ein kleines Feuer gemacht
im Garten, um einen Halt zu finden
in den Flammen, aber es will nicht brennen.
Die Augen folgen den Rauchwolken,
die sich aus der Asche quälen
und den Nußbaum kitzeln, den Neinsager.
Wie soll man behalten,
was einem das Gras erzählt?
Der Specht jedenfalls stottert,
wenn er Trost schreiben soll,
dieses schöne einsilbige Wort
mit fünf Buchstaben.
Unrast heißt ein Dorf in der Nähe,
da leben bewaffnete Schatten,
alle Umwege führen zu ihm hin.
Ich will die Gabe erlernen,
nicht zu vergessen,
was das Beste im Leben ist,
aber Gaben kann man nicht erlernen.

Nichts, was wir schon kennen

Davon leben wir, wenn das Gewitter vorbei ist
und wir ein Teil des Bodens werden dürfen;
wenn Tag und Nacht sich endlich erschließen,
um uns wieder einzulassen;
wenn ein Licht über den Dingen liegt
wie ein Tuch, das den Schwalben entglitt;
wenn aus dem Riß im Geweb
die Lerche aufsteigt und den Himmel reizt;
wenn der Specht mit dem bösen Blick
sein monotones *Wir können über alles reden*
den Buchen diktiert, die das Mögliche hüten
in dem kühlen Raum zu ihren Füßen.
Nichts, was wir schon kennen, davon leben wir.
Einsicht, Unterscheidung, Freude und Gedächtnis,
so stand's im Testament, sollen uns gehören,
aber nur, wenn wir Kinder bleiben, die der Welt
auf den Wecker gehen, bevor es klingelt.

Zur Philosophie

Wir müssen davon ausgehen,
daß Voraussagen nicht eintreffen,
etwas geht immer schief. Immer.
Auf den Menschen ist kein Verlaß,
deshalb sind wir noch am Leben.
Einer schaut aus dem Fenster
und blickt einem Hund hinterher,
der andere bewundert das Licht
auf den hellen Blättern der Linde.
Zu viele sind bei sich, also nicht
bei der Sache. Wir haben eine Ahnung
von unseren Grenzen, mehr nicht.
Die Geschichte, sagt ein Freund,
ist die Wissenschaft vom Unglück
des Menschen, von Leopardi bis Cioran.
Die Poetik des Unvollendeten,
die feste Verbindung von Philosophie und Trauer,
daran wollen wir arbeiten, denn:
der Mensch ist ein zögerndes Wesen –
oder nicht?
Komm, laß uns gehen, das Gehen
hilft uns, das Geläufige zu verstehen,
ohne daß wir es übersetzen müssen.

Wahlsonntag

Nichts Neues von den Wolken
zu sagen, der stummen Begleitung,
sie scheinen zu rasten über dem Land.
Nicht Frieden mehr und noch nicht Krieg,
das weiß auch die Spinne, bis gestern
in der Hecke weitmaschig beschäftigt
mit der Geschichte des Sommers,
jetzt sitzt sie im Eck des Fensters
und wartet auf Sonne.
Keine Schmetterlinge mehr,
die mir das Blut stocken lassen im Herzen.
Und der Apfelbaum? Zuckt manchmal
mit den Schultern, als schämte er sich,
in diesem Jahr keinen einzigen Apfel
werfen zu können ins trübe Grün des Rasens.
Immer deutscher sieht er aus
im Alter. Nichts Neues seit Goethe
von den Wolken zu sagen,
sie hängen über dem Land,
in dem die Unfreiheit der Freiheit
an den Kragen will, wie es heißt
auf den Plakaten, die morgen endlich
wieder weggeschafft werden,
um Platz zu machen für den freien Blick
ins dunkle Land.

Offene Fenster

Manche hocken, Rücken an Rücken
mit ihren glanzlosen Büchern,
und sinnen auf Rache.
Der Abend zieht vorbei,
er sammelt die Toten einfach ein
bei offenen Fenstern.

Alles, was wir sehen,
bekommt einen Namen.
Auch die Sterne,
die unter Lichtschwäche leiden.
Sie halten sich streng
an die Bahn des Kometen,
den Pilgerpfad,
der vor einem schimmernden Haufen
endet: den Plejaden.
Nur hier,
in diesem Staat im Staate, geht es namenlos zu.

Auch der Mond,
durch ein unzertrennliches Schicksal
an uns gekettet,
kann uns nicht helfen.
Er besitzt keinen biologischen Wert.
Von seinen Sternen umgeben,
ist er das Ideal der Unverwandelbarkeit.
Ein kalter König in einem verkabelten Reich.
Kratergebirge, der Boden durchlöchert
wie ein Sieb.
Von seiner Höhe aus
wird das Leben etwas weniger wichtig,
sagen alle, die in seinem Licht
nach Hause kommen,
trockenen Fußes, weil er der Erde
das Wasser entzieht.

Beobachtung

Jemand hat seinen Namen
in die Wolke gemeißelt
über meinem Haus
mit blutigen Händen.
Alles, was vorbeifährt,
wird rot.
Schnell die Fenster schließen,
damit die Farbe im Haus bleibt,
die nicht rot ist.
Und bitte nicht lesen wollen.

Requiem für einen Wind

Noch standen hier die Worte,
verlegen zwar und voller Scham,
und hier und da war eines schon gebrochen.
Die Welt zu klein für ihren Anspruch,
für einen neuen großen Anfang.
Die Welt will andre Worte haben,
seitdem das helle Staunen sich
im freien Fall befindet und nicht
die alten schönen Worte braucht,
die dumme Unersättlichkeit zu feiern.
Dann kam ein Wind auf, unerwartet,
der uns nicht mehr schlafen ließ,
der hatte sich vom Krieg ernährt,
von tausend Traurigkeiten,
und ließ das falsche Elend tanzen.
Vor Tag noch war's vorbei.
Und tief erschrocken sammelte die Kunst
den Mangel ein, für den es keine Sprache gab.
Nur Bilder.

Im Wald

Bisweilen erscheint es uns so,
als könnten wir unser Leben
noch führen, auf ein Ziel zu,
das nicht der Tod ist, sondern etwas davor,
das zwar in Wurzelverwandtschaft
mit ihm steht, aber sich vor ihm
verzweigt in größter Pedanterie.
Der Regen hat plötzlich aufgehört,
aber es tropft noch lange von den Bäumen,
und wenn man einfach stehenbliebe,
wie angewurzelt, würde man wissen,
was noch zu tun ist: wenig,
viel oder gar das Entscheidende?
Aber man will weiter, auch wenn man
nicht gezwungen ist, das Leben zu lieben,
und plötzlich die Tropfen zählt,
wie sie fallen auf den feuchten Grund.
Der Wald gibt sich Mühe, auszusehen
wie ein Bild aus dem 19. Jahrhundert,
auf dem Menschen verboten sind.
Das Inventar des Himmels ist leer,
die Sterne alle kassiert.
Ich wollte dem Kind eine Sternschnuppe
zeigen, das schönste geräuschlose Spiel,
das ein müder Gott sich erfand.

Vielleicht brauchen wir nichts zu wünschen?
Vielleicht leben wir schon im Paradies?

Notizbuch

In sein Notizbuch schrieb er:
Wie zufrieden die Überlebenden sind!
Sie haben der Zukunft den Schmerz genommen,
dem Honig die Süße, der Distel den Stachel.
Das Leid lebt gut in festen Häusern,
wir hören es rumpeln in der Nacht.
Es überlebte ein Lärm ohne Stille,
der steht überm Marktplatz und schreit.

IV.

Verpaßte Gelegenheiten

Für Manfred Trojahn

Wie sie da so stand, erzählte einer aus Rom,
an die Mauer gelehnt, mit Augen,
aus denen das Glück schon geschwunden war,
so wunderbar träge wie ein Tag
im späten Sommer und so unzugänglich
wie die geschäftstüchtigen kleinen Götter,
die am Pantheon die Zeit totschlagen,
die Zeit, die nichts von Menschen wissen will,
und wie sie ihre rechte Hand zum Kopf führte,
so langsam, als wäre die Luft zäher Sirup,
und ihr Gesicht berührte, eine staubige Landschaft
aus trockenen Äckern und versiegten Brunnen,
zu der Stunde, da der Tag sich schließlich
vom Schatten trennt und die Geräusche der Stadt
noch einmal aufdrehen, war ich mir plötzlich sicher,
daß sie es ist, auf die alle gewartet haben
am Ende einer langen Gegenwart,
die nicht vergehen will.

Ich saß im Café, sagt eine, allein,
in der Nähe von Ostia, direkt am Meer,
um die lange Weile nach dem Glück zu genießen,
und las deine Postkarten, bis an den Rand gefüllt
mit deinen untreuen Worten. Ein Schiff legte ab, von Möwen
mit Geschrei aus dem Hafen geleitet, das nahm
meine Erinnerungen mit und ließ mich leer zurück,
unermeßlich leer – bis auf die Kindheit, die wollte nicht
mitreisen: der Geruch nach überreifen Feigen,
streunende Liebe, Ungenügen, das alles blieb bei mir.
Die Brücke vom Wollen zum Handeln zerstört.
Gestern noch dachte ich, diese Postkarten von dir,
das langt für mein Leben, dieser zähflüssige Kitsch,
der fester ist als alle großen Bekenntnisse.
Einer saß in der Nähe, zwei Tische weiter,
der kam mir bekannt vor, aber nicht genug,
um mein Gedächtnis zu reizen. Sein flaches Gesicht
ein unbeschriebenes Blatt, frei für ein offenes Wort.

An einem dieser hohlwangigen Tage
im November in Berlin, sagte er,
wenn die Sonnenuhr nur bis drei zählen kann
und die Stadt zu schlafen versucht
unter der Nebeldecke, saß ich im Bus,
der den Kurfürstendamm hinunterkroch
auf der Überholspur, deren Belag glitzerte
wie eine Landebahn aus zerbrochenen Flaschen.
Schlüter-, Bleibtreu-, Fasanenstraße,
die vertrauten Ecken, Benjamin-Land,
jetzt zugestellt mit Mode und Fast Food,
damit, wenn das Unglück es will, Wünsche
in Erfüllung gehen. Da sah ich sie,
gehüllt in einen Regenmantel, im Rücken gebauscht,
ihr hageres Gesicht, wie von Käthe Kollwitz gezeichnet,
über einen Stadtplan gebeugt, auf dem sie
den Horizont suchte, den wir, noch als Schüler,
in dieser gußeisernen Gegend vermuteten.

Es begann zu regnen, sagte sie,
und das in Hannover, wenn Sie wissen, was ich meine.
Ich saß in dem Hotel gegenüber vom Bahnhof
und schaute auf die ungläubigen Bäume,
die sich so ungeschickt verneigten, als hätten sie Schmerzen.
Neben mir in der Lobby, auf einem häßlichen Stühlchen,
saß ein Lümmel, im Mantel, und fragte seine Großmutter:
Na, hat sich dein Leben gelohnt? Und sah mich verblüfft
dabei an, als könnte er selbst nicht glauben,
Urheber dieser Geschmacklosigkeit zu sein. Sitzt da
wie sein Vater, dachte ich, der ihm die Blödheit vererbt hat.
Gerade war ich dabei, ihm mit meinem heißen Kaffee
den Tag zu verderben, als er draußen vorbeiging, der,
auf den ich gewartet hatte, dessentwegen ich
zum ersten Mal in meinem Leben nach Hannover gefahren
war.
Merkwürdig sah er aus, zuviel Seele für seinen Körper,
ärmlich. Auf jeden Fall, dachte ich, als er ins Taxi stieg,
hätte ich die gesamte Rechnung bezahlen müssen.

Eine Konferenz zwang mich, nach Warschau zu reisen,
klagte er, obwohl ich Lissabon vorgezogen hätte,
noch dazu am Jahrestag des Erdbebens.
Wir hatten uns vor dem Schloß verabredet,
keine wirklich gute Idee, weil zehntausend Paare
sich versammelt hatten in ihrem Glück
und sich nicht trennen wollten, auf keinen Fall.
Es hätte schlimmer kommen können, sagte ich mir
zwischen zwei Phasen der Niedergeschlagenheit,
weil ich dich partout nicht finden konnte.
In der nächstbesten Kirche entzündete ich eine Kerze,
eine nur, um einerseits Maria nicht zu verwöhnen
und um andererseits den Tod nicht zu reizen,
der anwesend war. Mir fiel, kniend in der Bank, ein,
daß ich an dich wie an eine Verstorbene dachte,
ich sah dein unstetes Gesicht erstarrt zu einer Maske.
Ich war an dem Punkt angekommen, wo das Leben
in mir zurückkriechen wollte in die Leblosigkeit.

In dem Hotel gegenüber der Kathedrale
von Barcelona, sagte sie, hatte ich ganz oben
ein Zimmer genommen, um auf dich zu warten.
Auf dem gesprungenen Spiegel versuchte eine Fliege,
die nicht wußte, daß sie am Abend tot sein würde,
mir die Zukunft zu lesen und gab auf.
Auch der Spiegel erkannte mich nicht wieder.
Auf den Treppen der Kathedrale, in heller Sonne,
beteten die Ungläubigen und stritten um eine Münze,
die ein Vogel verloren hatte, einer dieser Vögel,
die seit Jahrhunderten versuchen, die Kathedrale
in den Himmel zu heben. Aus dem Gully kam Rauch,
wahrscheinlich wurde unten Zurbarans Lamm gebraten,
daneben schüttete ein alter Mann sein Herz aus
vor den aufgeregten Spatzen. Eine Ameisenstraße
lief über den Balkon, sie mußte sich verirrt haben.
Dann sah ich dich aus dem Gotteshaus treten
und in der Menge verschwinden.

Keine Ahnung, warum wir uns ausgerechnet
in Stockholm treffen sollten, im Februar,
wenn man die Hand nicht vor den Augen sieht,
aber sie bestand auf einem ›kalten‹ Gespräch.
Drei Tage saß ich in meinem Hotelzimmer
und sah dem Schnee zu, wie er sich restlos
im Hafenbecken auflöste. Die Lage des Menschen
ist ungewiß, waren ihre letzten Worte am Telefon,
aber wir haben gute Aussichten zu überleben.
Sie liebte die Idee von der Befristung der Welt.
Am vierten Tag blieb ich in einer Demo kleben,
vor dem Kulturhaus. Wenn sie in der Stadt wäre,
würde ich sie hier finden, obwohl ich nicht sicher war,
ob ich sie erkennen würde, zu oft hatten wir uns
verpaßt. In der Nacht sah ich im TV eine Reportage
über die Demonstration, ich verstand nicht,
um was es ging. Aber ich sah mich in der Menge
und hinter mir, mit aufgerissenem Mund, sie.

Es gehörte zu seinen verrückten Ideen,
daß wir uns im Nachtzug nach Venedig treffen sollten.
Ich stieg in München ein und ging in den Speisewagen,
damit er mich *sehen* konnte. Ein Platz war noch frei.
Einem Sack voll Blut saß ich gegenüber, der Karten legte,
um sein Schicksal zu ergründen, das ihm nur allzu deutlich
im Gesicht stand. Eine Büffelherde raste im Dunkel an uns
vorbei,
ich konnte ihr Keuchen hören; sie folgte einem Falter,
der ihr alle Grenzen öffnete. Von ihm, der auf mich warten
wollte,
war nichts zu sehen. In Österreich verließen die Betten den
Zug,
sie wurden woanders gebraucht, und nahmen die Träume
mit.
Wir mußten im Stehen schlafen wie heimatlose Gedanken.
Jedes Wort, das mir durch den Kopf ging, baute mit
an der Mauer, die uns trennte. Es ist alles gesagt worden über
Venedig.
Auf dem Rückweg sah ich ihn auf einem Vaporetto,
der uns entgegenkam, sein Haar wehte mächtig im Wind.
Wie Münzen schnippte er seine Jahre ins Wasser
und schaute nicht einmal aus den Augenwinkeln zu mir her.

Zum zehnten Jahrestag unseres Verpassens
wollten wir uns in Saint Germain treffen, im Flore.
Ich war früh dran, um aus dem hintersten Eck
der Veranda ihr Kommen zu beobachten,
wie sie sich zwischen Wölfen und Schafen
einen Weg bahnt. Europa trank teuren Kaffee,
als wäre nichts passiert. Die gemeinsame Erde,
las ich, die keine Gemeinsamkeit mehr kennt,
wird großmäulig vor die Hunde gehen. Nur wir
werden überleben, zusammen mit dieser Fliege,
die sich ungeniert auf meinem Teller putzte.
Sei unbesorgt, flüsterte ich, ich halte zu dir.
Da sah ich sie. Sie stand auf der anderen Seite
der Straße und schien zu überlegen, ob es sich lohne.
Ein Bettler hielt ihr die Hand hin, und sie
kramte lange in den Taschen ihres Mantels
nach einer Münze, die sie ihm so ungeschickt gab,
daß sie zur Erde fiel. Dann war sie verschwunden.

Und schließlich Sils-Maria, das war unvermeidlich.
Es war im Juni, sagte sie, und man konnte spüren,
wie sich die Welt gegen die Verwandlung wehrte.
Der gregorianische Gesang der fallenden Tropfen,
und auf dem Stein für Nietzsche ein erster schüchterner
                                                    Falter
mit zusammengebissenen Flügeln, der wollte nicht
auffliegen vor der Zeit. Hier saß ich, wartend, wartend,
auf nichts. Jenseits von gut und böse, bald
des Lichts genießend, bald des Schattens,
ganz nur Spiel, ganz See, ganz Mittag, ganz Zeit
ohne Ziel. Aber keiner kam die Berge herab.
Im Waldhaus, in der Chasté kein Gast,
der ihm ähnlich sah, kein Fußabdruck im Schlamm,
nur dieser Falter, der ihn gesehen haben muß.
Ein hinkender Vogel ging vorbei, erhobenen Hauptes,
und auf dem See Enten, glänzend wie Ebenholz.
Gelegentlich hörte ich flüsternde Stimmen,
die mich durchfuhren wie ein Messer das Brot.

Ich war nicht erstaunt, daß sie mich in Jerusalem treffen
wollte,
sie liebte Klischees und Steine. Es wird kommen der Tag,
da die Steine
zu uns sprechen werden, war eine ihrer Redensarten,
sie schwärmte von den lichten Schatten der Tamarisken,
von den feierlichen Eseln vor dem Tor des Erbarmens,
beladen mit einer Bürde, alt wie die Geschichte der
Menschheit,
von einem Messias aus Honig, mit einer Krone aus den
Nadeln der Pinie,
von einem Gott, der die Schlüssel verlor zu seiner
Schöpfung.
Ich fragte bei der American Colony nach ihr, auch im
King David
kannte keiner ihren Namen, kein Bett ihren Körper. Durch
alle Kirchen
war ich geschlichen wie eine Katze, hatte mich dem
Singsang
aller Sprachen ergeben, die hier geboren wurden im Sand,
den Gebeten
und Rufen und dem Gelächter der Vögel, die wie Drohnen
kreisten
über den geweihten Stätten und den verirrten Seelen am
Abend.
Da sah ich sie. Sie stand im Hof der Armenischen
Kathedrale,
wo der zerfressene Schädel des Apostels Jakobus aufbewahrt
wird.

Sie stand, eingehüllt in einen weißen Schal, mit einem
Priester im Schatten,
der dichter und dichter wurde, bis endlich der Shabbath
begann.

Es war schwerer als gedacht, ihn wiederzufinden, sagte sie.
Erst füllte der Schnee seine gut sichtbaren Spuren,
dann ein lustloser Regen, schließlich setzte der Wind
unseren Wegen zu, die nur in weitem Abstand noch
zu sehen waren. Gelegentlich fand ich ein Foto von ihm
in der Zeitung, schwarzweiß sein bedrücktes Gesicht,
ein Panorama des Elends. In den Städten begegnete ich
manchmal seinem Schatten, der sich aufbäumte vor mir,
also mußte er hinter mir her sein. Und ich hörte ihn,
da war es schon Frühjahr, durch das alte Laub schlurfen,
die übriggebliebenen Blätter, wie ein störrisches Kind,
das die Füße nicht mehr heben will. Und dann fand ich
einen Zettel von ihm, in Schönschrift beschrieben,
unter einem leeren Weinglas: Bin gleich zurück. Bitte warte
nicht. Das war in Skopje, in einem dieser lauten Cafés
hinter dem Pferd Alexanders des Großen,
in denen man nicht merkt, daß die Zeit einen narrt.
Aber sie narrte uns beide, ihn und natürlich auch mich.

Ich mußte lernen, an ihr vorbeizugehen,
ohne zu stolpern, ihren Blick nicht zu erwidern.
Manchmal sah ich sie in einem Café sitzen,
ein Buch vor sich, mit dem sie spielte,
als hätte es ihr nichts mehr zu sagen
oder als hätte es seine Stimme verloren.
Heruntergekommen sah sie aus, lebensmüd,
nur die Schuhe immer tipptopp geputzt,
sie sollten, sagte sie manchmal, den Tod ertragen.
Nur ertragen, natürlich, nicht anerkennen,
denn die Angst vor dem Tod hatte sie ausgestanden.
So konnte ich sie mir auch als Tote vorstellen,
in ihrem Gesicht ein letztes waches Träumen,
schon eingehüllt von der Nacht der Welt.
Die letzten Worte müssen die Augen sprechen,
das langsame Wehe, wie in Honig getaucht.
An einem unauffindbaren Ort werden wir uns treffen,
sagte sie, wo unsere Stimme auf uns wartet.

Der Zyklus »Verpaßte Gelegenheiten« wurde auf Anregung von Franz Xaver Ohnesorg geschrieben und von Manfred Trojahn (wunderbar) vertont. Bei der Uraufführung am 16. Juli 2017 im Lehmbruck Museum in Duisburg spielte die Pianistin Hanni Liang. Allen drei Freunden danke ich von Herzen.

Inhalt

I.

II.

III.

IV.